BEI GRIN MACHT SICH IHR WISSEN BEZAHLT

Rahmenbedingungen und Verfahren der Verhaltenstherapie

Sadiye Raabe

Bibliografische Information der Deutschen Nationalbibliothek:

Die Deutsche Nationalbibliothek verzeichnet diese Publikation in der
Deutschen Nationalbibliografie; detaillierte bibliografische Daten sind
im Internet über http://dnb.d-nb.de abrufbar.

ISBN: 9783346743985
Dieses Buch ist auch als E-Book erhältlich.

© GRIN Publishing GmbH
Nymphenburger Straße 86
80636 München

Druck und Bindung: Books on Demand GmbH, Norderstedt Germany
Gedruckt auf säurefreiem Papier aus verantwortungsvollen Quellen

Das vorliegende Werk wurde sorgfältig erarbeitet. Dennoch
übernehmen Autoren und Verlag für die Richtigkeit von Angaben,
Hinweisen, Links und Ratschlägen sowie eventuelle Druckfehler keine
Haftung.

Das Buch bei GRIN: https://www.grin.com/document/1287985

Einsendeaufgabe

Rahmenbedingungen und Verfahren der Verhaltenstherapie

Kunstfehler in der Psychotherapie, horizontale Verhaltensanalyse nach dem SORKC-Modell sowie Therapeut-Patient-Beziehung im Erstgespräch

abgegeben am 24. August 2021

von **Sadiye Raabe**

Modul: Rahmenbedingungen und Verfahren der Verhaltenstherapie
Studiengang: M.Sc. Psychologie

Inhaltsverzeichnis

Abkürzungsverzeichnis

§ 630a Abs. 2 BGB	Paragraph 630a, Absatz 2 des Bürgerlichen Gesetzbuches
§	Paragraph
Abs.	Absatz
BGB	Bürgerliches Gesetzbuch

Abbildungsverzeichnis

Tabellenverzeichnis

1 Kunstfehler in der Psychotherapie

1.1 Einführung in unerwünschte negative Folgen der Psychotherapie

Obwohl Risiken und Nebenwirkungen in Ausbildung, Praxis und Forschung der Psychotherapie oft vernachlässigt wurden, ist es mittlerweile dennoch klar geworden, dass es auch in der Psychotherapie unerwünschte Effekte wie z.b. Nebenwirkungen oder Schädigung durch unethisches Verhalten gibt (Margraf & Scholten, 2018).

Für die Einführung des Begriffs Kunstfehler in der Psychotherapie wird zunächst eine Systematik von negativen Effekten von Psychotherapie vorgeschlagen. S. O. Hoffmann et al. (2008) und Linden (2013) haben zum ersten Mal eine umfassende Systematisierung von unerwünschten Therapieeffekten geschaffen (Margraf & Scholten, 2018). Demgemäss wird zwischen (1) unerwünschten Ereignissen, (2) negativen Therapiefolgen, (3) Nebenwirkungen (inkl. Therapeutische Risiken, Kontraindikationen), (4) Kunstfehlerfolgen, (5) Krankheitsverschlechterung (inkl. Non-Response) und schliesslich (6) Schädigung unterschieden (Haupt et al., 2018; S. O. Hoffmann et al., 2008; Linden, 2013; Margraf & Scholten, 2018):

(1) Unerwünschte Ereignisse (unwanted events) beschreiben alle negativen Ereignisse, die zeitlich parallel zur Psychotherapie im Erleben, Verhalten oder der Umwelt des Klienten oder Patienten auftreten. Als unerwünscht gilt, was kein Therapieziel darstellt und sollte deshalb aus Sicht des Patienten, des Therapeuten oder der Umwelt vermieden werden.

(2) Negative Therapiefolgen (treatment emergent reaction) beschreiben alle unerwünschten Ereignisse, die durch die Therapie bedingt sind.

(3) Nebenwirkungen (adverse treatment reactions) stellen alle negativen Therapiefolgen einer korrekt durchgeführten Therapie dar. Dabei stellen therapeutische Risiken (therapeutic risk) alle im Vorfeld einer Therapie bekannten und absehbaren Nebenwirkungen dar. Mit Kontraindikationen (contraindications) werden alle Patienten-, Situations- und Therapiecharakteristika beschrieben (z.B. die Passung der Persönlichkeit zwischen Therapeuten und Patienten), die mit einer hohen Wahrscheinlichkeit schwere Nebenwirkungen erwarten lassen.

(4) Kunstfehlerfolgen (malpractice reaction) beschreiben alle negativen Therapiefolgen einer inkorrekt durchgeführten Therapie. Im Rahmen dieser Arbeit werden Kunstfehler im nächsten Kapitel näher erläutert.

(5) Unter Krankheitsverschlechterung (deterioration of illness) ist die Verschlechterung einer Krankheit trotz Therapie zu verstehen. Eine Therapie-Nonresponse (treatment non respose) stellt eine unzureichende Besserung einer Krankheit trotz Therapie dar.

(6) Bei einer Schädigung durch unethisches Verhalten verstösst der Therapeut gegen allgemeine und/oder spezielle ethische Prinzipien und schädigt dadurch seinen Patienten.

1.2 Kunstfehler bzw. Behandlungsfehler

Ursprünglich wurde der Begriff Kunstfehler im engeren Sinne nur in der Medizin angewendet (Bienenstein & Rother, 2009) und bezeichnet ein absichtliches oder fahrlässiges Verhalten des Arztes, welches zur Schädigung des Patienten und Verschuldung des Arztes führt, da Fahrlässigkeit die Sorgfaltspflicht verletzt (Bienenstein & Rother, 2009). Der Begriff des Kunstfehlers wird heute nicht mehr verwendet, da bezüglich seines Inhaltes eine Verwirrung herrschte und es hat sich heute der Begriff des *Behandlungsfehlers* durchgesetzt (Imhof, 2010). Die Definition des Behandlungsfehlers lässt sich aus der Verletzung der ärztlichen Sorgfaltspflicht ableiten: «Der Arzt ist gegenüber seinem Patienten zur Wahrung der erforderlichen Sorgfalt verpflichtet, nicht aber zu einer erfolgreichen Behandlung.» (Imhof, 2010, S. 15). In der Fachliteratur werden die Begriffe Kunst- und Behandlungsfehler zumeist synoym verwendet (Margraf & Scholten, 2018).

Kunstfehler bzw. Behandlungsfehler gehören also zu den negativen Therapiefolgen, allerdings werden damit Folgen einer inkorrekt durchgeführten Therapie beschrieben.

Auch die Rechtsprechung orientiert sich bei Behandlungsfehlern in der Psychotherapie an den Grundsätzen des Arzthaftungsprozesses. Bei ärztlichen wie auch bei psychotherapeutischen Behandlungen gilt, dass sie sich an allgemeine anerkannte fachliche Standards zu halten haben (§ 630a Abs. 2 BGB). Der Behandlungsfehler orientiert sich also am Behandlungs-Standard, d.h. dem Standard der aktuellen wissenschaftlichen Erkenntnisse sowie therapeutische Erfahrung für die Erreichung des Behandlungsziels. Ein Behandlungsfehler liegt demnach vor, wenn eine vertragliche Pflicht durch den Therapeuten verletzt wird (§ 630a Abs. 1 BGB).

Sponsel (2002) hat den Begriff Kunstfehler aus der Medizin übernommen und hat folgende Definition des Begriffes vorgelegt: «Ein Kunstfehler liegt vor, wenn bei zumutbarer und kundiger Analyse der Einzelfall-Sachlage ein nach den allgemeinen oder zulässig individuell vereinbarten wichtigen Zielen und Zwecken der Behandlung gebotenes Tun oder Lassen nicht erfolgte.»

1.3 Arten von Kunstfehlern

Im weiteren Verlauf legt Sponsel (2002) eine Auflistung potentieller Kunst- oder Behandlungsfehler in der Psychotherapie vor, die im Folgenden dargelegt werden. Zu jedem Punkt werden Beispiele genannt und Hinweise gemacht, wie man mit diesen Kunstfehlern umgehen bzw. wie man sie vermeiden könnte.

1. Kunstfehler zu Beginn einer Behandlung: Beispielsweise besteht keine Aufklärung über Dauer, Erfolgsaussichten und Risiken über die Therapie. Diese Fehler können vermieden werden, wenn am Anfang der Behandlung eine professionelle Aufklärung über Risiken und Nebenwirkungen von Psychotherapie vorgenommen wird, damit der Patient oder Klient weiss, was auf ihn zukommt. Diese Aufklärung sollte jeweils dem Patienten, seiner

Persönlichkeit, der Diagnose und seinem individuellen Risiko angepasst sein (Wells & Kaptchuk, 2012).

Der Therapeut könnte auch einen Patienten annehmen, ohne sich dem Fall ausreichend gewachsen zu fühlen. Auf dieses Problem könnten Therapeuten z.B. bereits in der psychotherapeutischen Ausbildung aufmerksam gemacht und dadurch das Risiko vermindert werden. Denn gemäss Castonguay et al. (2010) sollten Psychotherapeuten für ihre praktische Tätigkeit sowohl darauf vorbereitet werden, was sie zu tun haben, als auch darauf, was sie besser sein lassen sollten.

Auch kann es passieren, dass der Therapeut keine Erfahrungen bezüglich der vorliegenden Erkrankung hat und den Patienten trotzdem annimmt. Dieser Kunstfehler könnte vermieden werden, wenn er bereits in den probatorischen Sitzungen angesprochen wird (Fischer-Klepsch et al., 2018; Margraf & Scholten, 2018; Sponsel, 2002).

2. Kunstfehler aufgrund mangelhafter Diagnostik, Therapieplanung und therapiebegleitender Evaluation: Beispielsweise kann in der Therapieplanung versäumt werden, ein evaluierbares Behandlungskonzept, d.h. ein hypothesengeleitetes Vorgehen zur Beeinflussung der Störungen, zu entwickeln. Durch eine mangelhafte oder gar fehlende therapiebegleitende Evaluation (inkl. Dokumentation) kann es passieren, dass nicht rechtzeitig erkannt werden kann, wie die Erfolgs- und Misserfolgsaussichten sind. Es können auch zumindest stichprobenhafte Katamnesen zur Evaluation der Behandlungserfolge fehlen, was die Qualitätssicherung und Erfolgskontrolle tangieren kann. Diesen Kunstfehlern könnte man bereits mit der Thematisierung und Sensibilisierung in der Verhaltenstherapieausbildung begegnen (Castonguay et al., 2010). Auch haben Ladwig et al. (2014) zur Erfassung negativer Therapiefolgen aus Sicht der Patienten das «Inventar zur Erfassung negativer Effekte von Psychotherapie (INEP)» entwickelt, welches in der standardisierten Diagnostik einer therapeutischen Behandlung eingesetzt werden kann - interne Konsistenz des Inventars war gut mit $\alpha = .86$.

Nach Sponsel (2002) sind in der psychologischen Diagnostik und Evaluation auch Suggestionen und Suggestivfragen als Kunstfehler zu behandeln. Nachfolgend finden sich zwei Beispiele von suggestiv-falschen Fragen während der Diagnostikphase mit richtigen Alternativvorschlägen (Sponsel, 2002):

- Suggestiv-falsch: «Sind Sie sexuell missbraucht worden?»
  Richtig: «Was haben Sie sexuell erlebt?»
- Suggestiv-falsch: «Leiden Sie seit der Vergewaltigung an Panikattacken?»
  Richtig: «Wann sind Ihre Panikattacken zum ersten Mal aufgetreten?»
3. Kunstfehler aufgrund mangelnder Abklärung oder Kooperation: Kunstfehler sind v.a. fatal, wenn medizinische Abklärungen im Bereich Psychosomatik und Psychopathologie mangelhaft sind. Eine unzureichende Zusammenarbeit mit weiteren relevanten Fachpersonen ist ebenfalls problematisch. Zweckdienlich wäre es, solche Probleme bereits in der therapeutischen Ausbildung zu thematisieren (Castonguay et al., 2010).
4. Kunstfehler gegen die therapeutische Beziehung: Sehr problematisch ist ein mangelnder Aufbau einer tragfähigen therapeutischen Beziehung. Dabei spielt die Persönlichkeit des Therapeuten eine zentrale Rolle beim Aufbau einer tragfähigen Therapeut-Patient-Beziehung in der Verhaltenstherapie (Fischer-Klepsch et al., 2018). Nach Hippler und Görlitz (2001) zeichnet einen erfolgreichen Therapeuten aus, dass er Interesse am Menschen hat, empathisch und verständnisvoll ist, gut zuhören kann, Freude am Leben hat, humorvoll ist, sich gesund abgrenzen kann, mit Macht und Einfluss verantwortungsbewusst umgehen kann, Konfusion und Krisen innerlich aushalten kann etc. Ein «erfolgloser» Therapeut hingegen hat z.B. die Hoffnung, eigene psychische Probleme durch den Beruf heilen zu können (Hippler & Görlitz, 2001). Als ein weiterer Kunstfehler gegen die therapeutische Beziehung kann ein Aufbau von unnötig starker Bindung (abhängig machen) angesehen werden, wodurch z.B. Ablösungsschwierigkeiten entstehen können. Solche Ablösungsprobleme könnten z.B. in einer Supervision reflektiert und bearbeitet werden (Zimmer, 2018).
5. Kunstfehler aufgrund mangelnder Reflexion, Supervision und Fortbildung: Vor allem problematische und unklare Therapiesituationen sollten in einer Supervision, aber auch in einer Autosupervision, selbstkritisch reflektiert werden (Zimmer, 2018). Da sich die empirische Verhaltenstherapie um ständige Weiterentwicklung bemüht, ist auch hier eine andauernde Fortbildung des Therapeuten und berufsbegleitende Supervision indiziert (Margraf, 2018). Auch Schigl und Gahleitner (2013) schlagen einen proaktiven Umgang mit Kunstfehlern vor: Damit sind solche Fälle angesprochen, in denen ein Therapeut sich differenziert und zielorientiert mit seinen Fehlern und den daraus entstehenden Konsequenzen bewusst auseinandersetzt wie z.B. durch Selbstreflexion, Intervision, Supervision, aber auch durch Rückmeldung des Patienten. Eine wichtige Voraussetzung dafür ist, das eigene Tun in Frage zu stellen (oder stellen zu lassen). Somit wird eine Toleranz für die eigene Unvollkommenheit eröffnet und trägt zu einer positiven Weiterentwicklung bei. Es besteht also die Möglichkeit, dass das Fehlhandeln nach einer

Selbstreflexion (z.B. in der Supervision) korrigiert werden kann z.B. durch die Arbeit an der eigenen Gegenübertragung (Schigl & Gahleitner, 2013).

6. Kunstfehler als Verstoss gegen die Ergebnisse allgemeiner Psychotherapieforschung: Solche Kunstfehler können z.b. durch unangemessene Durchführung von Diagnostik oder Therapie oder durch eine falsche Indikationsstellung entstehen, wobei gegen aktuelle Standards verstossen wird. Auch hier könnten diese Fehler z.b. durch ständige Weiterbildung abgefedert werden (Margraf & Schneider, 2018).

7. Fehler gegen das Persönlichkeitsrecht (Abstinenzgebot): Ein Aspekt dieses Kunstfehlers ist beispielsweise der narzisstische Missbrauch und ganz extrem der sexuelle Missbrauch von Patienten. Solch unethische Verhaltensweisen haben gemäss Margraf und Scholten (2018) ihren Ursprung auch in Versäumnissen der Ausbildung, weshalb während der gesamten Ausbildung, beginnend bereits im Studium, auf die Abstinenz-Thematik, die eigenen Verhaltensweisen (z.b. Kleidung, Sprache, non-verbales Verhalten, Übungen zu Copingstrategien) sowie die professionelle Beziehungsgestaltung sensibilisiert werden sollte (Margraf & Scholten, 2018). Bei einer schweizweiten empirischen Untersuchung mit Psychotherapeuten haben Rhyn und von Wyl (2020) zum Thema Verliebtheitsgefühle seitens der Therapeuten gegenüber Patienten Einflüsse und Erklärungsmuster, aber auch Schutzfaktoren aufzeigen können. Sie konnten bestätigen, dass Verliebtheitsgefühle gegenüber der Klientel kein seltenes Phänomen sind. Als Schutzfaktoren standen insbesondere die Supervision, ethisch-moralische Standards oder die eigene Partnerschaft im Vordergrund (Rhyn & von Wyl, 2020). Auch Maaz (2014) fordert Therapeuten auf, Verliebtheits- und sexuelle Gefühle gegenüber der Klientel im therapeutischen Setting zu hinterfragen und zu bearbeiten.

8. Kunstfehler gegen Effizienz und Wirtschaftlichkeit: Bei der Effizienz werden Kriterien der Kosten, des Nutzens und des Aufwandes berücksichtigt. Demnach soll der Patient so kurz und sicher (mit bewährten Methoden) sowie so ökonomisch wie möglich behandelt werden. Nach Grawe et al. (1994) wird bei einer Dauer von ca. 15 Sitzungen das Maximum der Effektivität einer Psychotherapie erreicht, nach ca. 40 Sitzungen wird der Therapieerfolg sogar zunehmend geringer. Bei der Frage nach der geeigneten Therapie hat sich z.B. bei Zwangsstörungen und Suchterkrankungen eher die Verhaltenstherapie durchgesetzt, bei narzisstischen Störungen zeigt die tiefenpsychologische Psychotherapie eine höhere Effizienz (Buchkremer & Batra, 2013).

2 Horizontale Verhaltensanalyse nach dem SORKC-Modell

2.1 Einführung in die Verhaltensanalyse

2.1.1 Lerntheoretischer Hintergrund der Verhaltensanalyse

Die Verhaltensanalyse basierend auf dem SORKC-Modell beruht auf der Grundlage des klassischen Konditionierens (Iwan Petrowitsch Pawlow, 1849-1936), Edward Thorndikes (1874-1949) Überlegungen zum instrumentellen Lernen, Frederik Skinners (1904-1990) Prinzipien des operanten Konditionierens sowie Albert Banduras Untersuchungen zum Modelllernen (Wittchen & Hoyer, 2011). Lindsley (1964) erweiterte in seinem SRKC-Modell die Skinner'sche S-R-C-Verhaltensformel um die Variable der Kontingenz (K). Kanfer und Saslow (1969, 1974) ergänzten dieses SRKC-Modell um die Organismusvariable (O) zum SORKC- oder SORCK-Modell (Wittchen & Hoyer, 2011).

Da ein bestimmtes Problemverhalten nicht isoliert betrachtet werden kann, muss man also auch die dem Verhalten vorausgehende Situationen sowie die nachfolgenden Konsequenzen analysieren (Verhaltensanalyse; Wittchen & Hoyer, 2011). Durch diese holistische Betrachtung des Problemverhaltens kann man seine Funktion und die aufrechterhaltenden Faktoren verstehen.

2.1.2 Verhaltensanalyse nach dem SORKC-Modell

Das SORKC-Modell von Kanfer und Saslow (1969, 1974) geht von der Annahme aus, dass ein Reiz in einer problemrelevanten Situation (Stimulus; S) auf einen Organismus (O) einwirkt, der bei diesem ein bestimmtes Verhalten (Reaktion, R) auf kognitiver, emotionaler, physiologischer oder motorischer Ebene auslöst (sog. vorausgehenden Bedingungen; siehe auch Abbildung 1). Aus der Reaktion ergibt sich anschliessend eine Konsequenz (C) wie z.B. Erleichterung oder Flucht. Läuft dieser Vorgang häufig ab (Kontingenz, K), verstärkt sich die Reaktion und es findet ein Lernvorgang statt. Durch antrainieren anderer Verhaltensweisen oder durch Veränderung von Stimuli könnten beispielsweise bestimmte Problemverhalten wieder verlernt oder umgelernt werden (Wittchen & Hoyer, 2011).

Mit dem SORKC-Modell kann also nicht nur eine systematische Verhaltensanalyse vor-genommen werden, sondern es kann damit auch ein Verfahren zur Verhaltensmodifikation begründet werden (Wittchen & Hoyer, 2011).

Da die Verhaltensanalyse basierend auf dem SORKC-Modell das Problemverhalten in einer konkreten Situation auf einem zeitlichen Kontinuum betrachtet, wird diese Form der Analyse auch als Mikroanalyse oder horizontale Verhaltensanalyse bezeichnet (Abbruzzese & Kübler, 2013).

Ziel der Verhaltensanalyse ist die funktionale, strukturell-topographische, horizontale Beschreibung von Verhalten in Situationen, ist aber auch ausgerichtet auf Therapieplanung und Intervention (Hautzinger, 2011). Es geht also sowohl um bedingende und stabilisierende

Zusammenhänge von Verhalten als auch um offene/verdeckte, kognitive, situative, kulturelle, genetische, biographische Aspekte, aber auch das Wirken des Verhaltens auf soziale Systeme wie z.B. Familie und deren Feedback (Hautzinger, 2011).

Die für die horizontale Verhaltensanalyse nach dem SORKC-Modell benötigten Informationen können mittels Selbst- oder Fremdberichten, standardisierten Beobachtungsverfahren für das Verhalten in natürlichen Situationen, Verhaltenstests, Rollenspielen, Inventaren, Fragebogenverfahren etc. erhoben werden (Abbruzzese & Kübler, 2013; Hautzinger, 2011).

2.1.3 Vorgehen bei der horizontalen Verhaltensanalyse

Das SORKC-Modell beschreibt demnach die fünf Grundlagen bzw. Komponenten von Lernvorgängen. Bei der verhaltensanalytischen Diagnostik geht es also darum, was eine Person in einer konkreten spezifischen Situation tut. Es wird davon ausgegangen, dass menschliches Verhalten neben physiologischen Faktoren durch die soziale Lerngeschichte, die Persönlichkeit, kognitive Prozesse, situative Bedingungen (Stimuli) und durch die Konsequenzen des Verhaltens kontrolliert wird (Hautzinger, 2011). Die Erhebung und Strukturierung diagnostischer Informationen anhand der (funktionalen) SORKC-Verhaltensgleichung (siehe Abbildung 1) wird in Anlehnung an Tuschen-Caffier und van Gemmeren (2018), Abbruzzese und Kübler (2013), Hautzinger (2011), Wittchen und Hoyer (2011) wie folgt beschrieben:

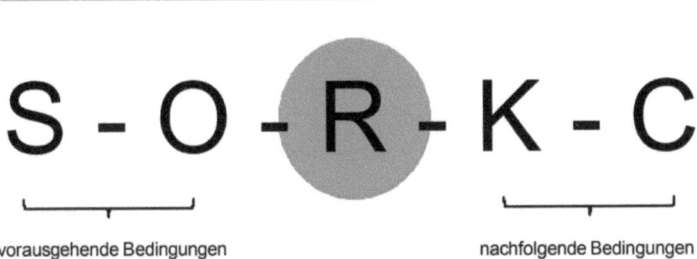

SORKC Modell

S - O - R - K - C

vorausgehende Bedingungen   nachfolgende Bedingungen

Abbildung 1: Horizontale Verhaltensanalyse nach der SORKC-Verhaltensgleichung
(entnommen aus Abbruzese & Kübler, 2013, S. 110).

- Unter *Stimulusvariablen (S)* werden alle internen und externen Reize zusammengefasst, die dem Problemverhalten vorausgehen und mit diesem potenziell in funktionalem Zusammenhang stehen. Zu den internen Bedingungen (S_i) zählen Gedanken (z.B. «Ich schaffe das nicht»), Gefühle (z.B. Ängstlichkeit) oder körperliche Veränderungen (z.B. Anspannung). Die externen Bedingungen (S_e) umfassen physikalische Umweltfaktoren (z.B. erhöhte Raumtemperatur) und soziale Merkmale (z.B. strenger Blick einer Person). Darüber hinaus kann präzisiert werden, wie Stimulus (S) und Reaktion (R) verknüpft sind.

Je nach Art des Zusammenhangs erhält S die Qualität eines konditionierten Stimulus (CS), eines unkonditionierten Stimulus (UCS), deren Reaktionen biologisch determiniert sind oder eines diskriminativen Hinweisreizes, die die unerwünschte Verhaltensweise sowohl wahrscheinlicher machen als auch hemmen bzw. verhindern (Abbruzzese & Kübler, 2013). Bei der Analyse der S-Variable ist das Nachvollziehen solcher Konditionierungs- und Diskriminationsprozesse wesentlich, da es wichtige Hinweise für eine Verhaltensmodifikation aufzeigen kann (Wittchen & Hoyer, 2011).

- Zu den *Organismusvariablen (O)* zählen alle problemrelevanten zeit- und situations-übergreifenden, biologischen und psychischen Merkmale der Person, die sein Symptom und Verhalten beeinflussen (z.B. somatische Erkrankung, Intelligenz, Einstellungen, Persönlichkeitsmerkmale, Selbstkonzept, Kontrollüberzeugungen, Sozialisation etc.). Die O-Variable wird als Moderator zwischen der vorausgehenden Situation (S) und dem relevanten Verhalten (R) betrachtet (Abbruzzese & Kübler, 2013). Auch bildet die O-Variable der Mikroanalyse, d.h. der horizontalen Verhaltensanalyse, die Schnittstelle zur Makroanalyse, d.h. der vertikalen Verhaltensanalyse (Abbruzzese & Kübler, 2013), auf deren Ausarbeitung aber in dieser Arbeit nicht näher eingegangen wird.

- Die *Reaktion (R)* wird mit dem unerwünschten Problemverhalten auf kognitiver Ebene (R_{kogn}: Gedanken, Vorstellungen; «Weil ich den Lernstoff nicht verstehe, ist die Lehrerin mit mir nicht zufrieden»), auf emotionaler Ebene (R_{emot}: subjektives Erleben/Empfinden; «Ich schäme mich sehr dafür»), auf motorischer Ebene (R_{mot}: beobachtbares Verhalten; «Ich kann der Lehrerin nicht in die Augen sehen») sowie auf physiologischer Ebene (R_{phys}: körperliche Reaktion; «Ich laufe im Gesicht rot an und schwitze fürchterlich») beschrieben. Ziel ist die qualitative und quantitative Beschreibung eines klar definierten und vorher spezifizierten problematischen Verhaltens sowie ggf. auch seine Intensität, Dauer und Auftretenswahrscheinlichkeit. Da eine Verhaltensanalyse i.d.R. als Grundlage für eine zielgerichtete Verhaltensmodifikation dient, soll bei der Bearbeitung der Verhaltensvariable R nicht nur das unerwünschte Ausgangsverhalten, sondern auch das erwünschte Zielverhalten möglichst akkurat beschrieben sein (Wittchen & Hoyer, 2011).

- Die *Konsequenzen (C)* des unerwünschten Verhaltens können folgende Dimensionen betreffen:
  Zeitpunkt des Eintretens: Kurzfristige Konsequenz (C_k: Konsequenz erfolgt unmittelbar auf das Verhalten) vs. langfristige Konsequenz (C_l: Konsequenz tritt zeitlich verzögert auf). *Entstehungsort:* Interne Konsequenz (C_i: z.B. eine körperliche Reaktion) vs. externe Konsequenz (C_e: z.B. aus der Umwelt stammende Aufmerksamkeit erfahren). *Qualität der Konsequenz:* Positive Verstärkung (C^+: z.B. durch Erhalt von Aufmerksamkeit) vs. negative Verstärkung (C^-: z.B. durch Wegfall einer negativen Konsequenz); direkte Bestrafung (C^-: z.B. Strafarbeit) vs. indirekte Bestrafung (C^+: Wegfall einer positiven Konsequenz wie z.B. Reduktion der Aufmerksamkeit).

- Die *Kontingenzvariable (K)* gibt Informationen darüber, mit welcher Regelmässigkeit eine bestimmte Konsequenz auf ein bestimmtes Problemverhalten folgt (z.B. immer, regelmässig, intermittierend). Dabei liegt eine hohe Kontingenz vor, wenn die Konsequenz eines Verhaltens vorhersagbar und regelmässig eintritt (Abbruzzese & Kübler, 2013). Es bietet sich an, die K-Variable gleichzeitig mit der der C-Variable zu analysieren (Abbruzzese & Kübler, 2013).

2.2 Fallbeispiel aus der Verhaltenstherapie

In Anlehnung an Abbruzzese und Kübler (2013) wird nachfolgend beschrieben, wie das SORKC-Modell für die horizontale Verhaltensanalyse im therapeutischen Kontext beispielhaft Anwendung findet.

2.2.1 Anlass der Behandlung und Symptombericht des Patienten

Beim Erstkontakt im psychiatrischen Ambulatorium ist der Patient 26 Jahre alt, er ist verheiratet und hat ein zweijähriges Kind. Da sein Leidensdruck in letzter Zeit zugenommen habe, habe ihn seine Partnerin zu einer Psychotherapie überredet. Seine Stimmung sei in den letzten Jahren immer schlechter geworden, er fühle sich häufig bedrückt, ausgelaugt und müde. Er arbeite als Biologe in der Pharmaindustrie und sei damit überfordert. Generell arbeite er perfekt und fehlerfrei, und das sei ihm auch wichtig. Seit Jahren leide er unter Waschzwang und neuerdings habe die Intensität zugenommen. Der Waschzwang sei aus einer grossen Angst vor einer Kontamination mit Würmern entstanden, weil er als Jugendlicher eine Wurminfektion erlitten habe. Er habe sich damals ausführlich über Wurmerkrankungen informiert, und die Vorstellung, von innen aufgefressen zu werden, löse bei ihm grosse Ekelgefühle aus. Deshalb müsse er sicherstellen, dass alles sauber sei. Momentan könne er weder Salat noch rohes Gemüse essen, weil er nie sicher sein könne, ob diese sauber gewaschen seien. Bereits in der Kindheit habe er sich die Hände jeweils vor dem Essen lange gewaschen und desinfiziert. Er denke, dass er die damalige Wurmerkrankung durch hygienisches Verhalten hätte vermeiden können.

2.2.2 Horizontale Verhaltensanalyse nach dem SORKC-Modell

- Stimulus (S_e):

  Zusammen mit seiner Lebensgefährtin steht der Patient in einem Laden vor den Früchten. Eine Packung Erdbeeren lacht ihn an und er berührt diese zurückhaltend.

- Organismus (O):

  Überdauernde Persönlichkeitsmerkmale: Der Patient hat eine Veranlagung zum Perfektionismus.

  Physiologische Zustände: Im Zustand starker, physiologischer Erregung (Arousal) bei Gedanken an Würmern, reagiert der Patient gereizt und verärgert.

  Erwartungen: «Wenn ich die Erdbeeren komplett gründlich wasche, kann ich die Gefahr vor einer Infektion halbwegs kontrollieren.» «Wenn ich die Erdbeeren berühre, werde ich mich ziemlich sicher mit einem Bandwurm infizieren.»

- Verhalten bzw. Reaktion (R):

  R_{kogn}: «Die Erdbeeren sind schmutzig. Ich könnte mich mit Würmern infizieren, die mich dann von innen durchfressen.»

  R_{emot}: Ekel, Aggressionen und starke Angst.

  R_{phys}: Anspannung, erhöhter Puls, Schweissausbrüche, Muskelanspannung im Nacken- und Rückenbereich.

  R_{mot}: Schnell wischt er sich die Hände mit einem Papiertaschentuch ab. Dies genügt ihm jedoch nicht und sobald er kann, muss er sich die Hände gründlich waschen und desinfizieren.

- Konsequenz (C) und Kontingenz (K):

  C⁻: Seine Infektionsangst nimmt (K: manchmal) ein bisschen ab.

  C⁻: Seine Frau tadelt ihn (K: manchmal), er solle sich nicht so anstellen.

  C⁻: Er schämt sich (K: regelmässig) über seine unlogischen Gedanken. Er macht sich (K: regelmässig) Sorgen, dass die Partnerin aufgrund seiner Störung das Interesse an ihn verliert.

  C⁺: Er befürchtet (K: regelmässig), dass ihn die Partnerin wegen seiner Störung verlassen wird.

  C⁻: Aufgrund des häufigen Händewaschens (K: regelmässig), haben sich Handekzeme gebildet.

  C⁻: Er ist im Alltagsleben stark beeinträchtigt (K: immer).

  C⁻: Er kann sich nicht so gesund ernähren , wie er es gerne möchte, weil er Früchte und rohes Gemüse nicht anfassen kann (K: regelmässig).

2.2.3 Resümee aus dem Fallbeispiel

Unmittelbar nach der Anamnese wurde zusammen mit dem Patienten mittels des SORKC-Schemas eine erste Verhaltensanalyse durchgeführt. Dabei wurden dysfunktionale Annahmen, Schemata sowie bezüglich der (fall-)spezifischen Phobien (z.B. ICD-10 F42.2 Zwangsstörung mit Zwangsgedanken und -handlungen, gemischt), Problemverhaltensweisen, Gedankeninhalte und Gefühle ersichtlich. Mit der Erarbeitung von Verhaltensanalysen kann es dem Patienten ermöglicht werden, seine innerpsychischen Dynamiken und die daraus resultierenden Verhaltensweisen zugänglich zu machen. Die Verhaltensanalysen können es dem Patienten langfristig erleichtern, seine eigenen Stimulus-Reaktions-Muster auch im Alltag besser zu analysieren und unzweckmässiges Verhalten zu bemerken. Er kann sich also damit besser beobachten und reflektieren und kann störende bzw. unerwünschte Verhaltensmuster langfristig unterbrechen und verändern.

Auch kann eine durch die Verhaltensanalyse eingeübte Selbstbeobachtung für das Ausformulieren von detaillierten, expliziten und überprüfbaren Therapiezielen genutzt werden.

3 Therapeut-Patient-Beziehung im Erstgespräch

3.1 Einführung in die Therapeut-Patient-Beziehung und das Erstgespräch

3.1.1 Therapeutische Beziehung als Wirkfaktor

Laut eines der Watzlawickschen Kommunikationsaxiome kann «Man nicht nicht kommunizieren» also gilt auch, dass eine therapeutische Beziehung, wie jede andere Beziehung, nicht nicht gestalten werden kann (Sachsse, 2008). Dies macht deutlich, dass es nicht darum geht, *ob* sondern *wie* die therapeutische Beziehung gestaltet werden soll.

Die Wichtigkeit der Beziehung zwischen Patienten und Therapeuten wurde in der Psychotherapieforschung anhand zahlreicher Studien nachgewiesen (Beutler et al., 2004; Horvath et al., 2002; Martin et al., 2000). Je nach Studie ergeben sich dabei Zusammenhangsmasse zwischen r = .17 und r = .22, was kleinen bis mittleren Effekten entspricht (Wilmers et al., 2008). Darauf basierend stellt die therapeutische Beziehung den wichtigsten Prädiktor für das Therapieergebnis dar (Hentschel, 2005).

Asay und Lambert (2001; zitiert nach Pecher & Stark, 2013) schätzen aufgrund der Auswertung von über 100 Studien, dass ca. 30% des Therapieergebnisses auf den Wirkfaktor unspezifische Effekte (z.B. Beziehung) zurückgehen. Je 15% des Effekts sind durch therapeutisch angewandte Techniken sowie durch Placeboeffekte (z.B. Erwartung und Hoffnung auf Heilung) erklärbar. Die restlichen 40% sind auf aussertherapeutische Veränderungen (z.B. Lebenssituation, soziale Beziehungen, aber auch schlichtweg Zufall) zurückzuführen.

Bereits in den Anfängen der Verhaltenstherapie hatten praktisch tätige Verhaltenstherapeuten der Beziehungsgestaltung zwischen Therapeuten und Patienten eine grosse Bedeutung zugeschrieben (z.B. Lazarus, 1958; Meyer, 1957; Wolpe, 1958). So stellte Wolpe (1958) fest, dass der rechtzeitige Aufbau einer guten Beziehung zum Patienten schon zu ersten Verbesserungen führe. Auch in zahlreichen neueren Studien konnte belegt werden, dass die Güte der Therapeut-Patient-Beziehung einen wichtigen Einfluss auf den Therapieerfolg hat und dieser Effekt robust ist (Orlinsky et al., 2004).

Gemäss Rector et al. (1999) hat eine gute therapeutische Beziehung positive Wirkung auf die Symptomatik des Patienten, kann aber auch dem Patienten die Umsetzung der erlernten therapeutischen Techniken erleichtern. Obwohl Sachse (2006) der Therapeut-Patient-Beziehung nur einen geringen unmittelbaren Einfluss auf den Therapieerfolg zuschreibt, sieht er auch eine grosse mittelbare Bedeutung in dem Sinne, dass die therapeutische Beziehung einen grossen Einfluss auf die Bereitschaft des Patienten zur Problembearbeitung hat und dies wiederum sich positiv auf den Therapieerfolg auswirkt. Sie bildet also den motivationalen Anstoss für eine sinnvolle Problem- und Ressourcenaktivierung beim Patienten. Auch wird bei einer guten therapeutischen Beziehung eine Therapie weniger oft abgebrochen (Sharf et al., 2010).

Die therapeutische Beziehungsqualität kann durch Fragebögen erfasst werden, beispielsweise mit der Working Alliance Inventory - short revised (WAI-SR; Hatcher & Gillaspy, 2006; deutsche Übersetzung von Wilmers et al., 2008) - ein schulenübergreifendes, ökonomisches und empirisch validiertes Instrument zur Erfassung der therapeutischen Allianz (d.h. zielgerichtete Zusammenarbeit von Patient und Therapeut). Nach Lo Coco et al. (2011) zeigen sich Patienteneinschätzungen als besserer Prädiktor für den Therapieerfolg als Therapeuteneinschätzungen.

Schon in den ersten Therapiestunden zeigt sich, dass die Qualität der therapeutischen Beziehung ein wichtiger Prädiktor für den Behandlungserfolg ist (Horvath et al., 2011).

3.1.2 Ablauf eines Erstgesprächs

Seit langem ist die prägende Bedeutung von Erstgesprächen für den psychotherapeutischen Prozess bekannt (z.B. Garfield, 1994; Howard et al., 1993). Auch in neueren Arbeiten konnte gezeigt werden, dass sich sowohl die Beziehungsgestaltung als auch eine konsequente Ressourcenorientierung bereits im Erstgespräch positiv auf den weiteren Therapieverlauf auswirkt (Regli et al., 2000).

Die ersten (zwei bis vier) Sitzungen einer Therapie werden als probabilistische Sitzungen (Probesitzungen) bezeichnet (Psychotherapie-Richtlinie, 2020). Hierbei stehen v.a. die zuvor beschriebene Therapeut-Patient-Beziehung als wichtiger Bestandteil der Therapie sowie Zielklärung, Ressourcenerfragung, Zeitplanung, Abklärung der Suizidalität etc. im Vordergrund (N. Hoffmann, 2018). Während der Probatorik steht die Durchführung und Analyse einer biographischen Anamnese an. Die erhobenen Informationen während den probatorischen Sitzungen dienen dann ggf. für eine gutachterpflichtige Antragstellung der Therapie.

Nach N. Hoffmann (1981) sind die wichtigsten Funktionen des therapeutischen Erstgesprächs das gegenseitige Kennenlernen durch Informationsaustausch (z.B. transparente Eröffnung des Gesprächs, Patienten ausreden lassen, konkrete Fragen stellen, Fragen des Patienten an den Therapeuten zulassen), Einleiten der interpersonellen Beziehung (z.B. eine erste Definition der Therapeutenrolle, Empathie, Verständnis, Akzeptanz, Vertrauen erwecken und zwar menschlich wie fachlich) sowie erzielen erster therapeutischer Effekte (z.B. klare Absprachen, Prozess in Gang bringen).

Als Orientierungshilfe haben Wendisch und Neher (2003) einen schematischen Ablauf des Erstgesprächs vorgestellt (siehe Tabelle 1):

Themen:	Aufgaben, Inhalte, Ziele:
1. Begrüssung	Vorstellen der eigenen Person, der Einrichtung und Ziele des Erstgesprächs; erste Informationen und Aufklärung; Patienten zu ersten Fragen zum Rahmen des Gesprächs auffordern.
2. Aktueller Anlass	Aktuellen Anlass für Behandlungswunsch erfragen; Zuweisungskontext klären.
3. Störungsanalyse & Vorbehandlungen	Aktuelle Ausprägung und bisheriger Verlauf der Symptome; Erklärungskonzept des Patienten; bisherige Veränderungsversuche und eventuelle Erfolge.
4. Biographie	Einstieg in die Biographie und Bezug zur aktuellen Lebenssituation; momentan bedeutsame Verhaltensaktiva und -passiva. Auslösebedingungen und funktionale Zusammenhänge zwischen Biographie (Punkt vier) und Störungen (Punkt drei) werden in weiteren Sitzungen herausgearbeitet, ggf. auch in einer separaten biographischen Anamnese.
5. Erwartungen	Erste Erwartungen an die Verhaltenstherapie klären.
6. Abschlusssituation	Patienten zu noch offenen Fragen oder Ergänzungen ermuntern; weiteres Vorgehen besprechen; ggf. erweiterte Aufklärung.

Tabelle 1: Ablaufschema eines Erstgesprächs (nach Wendisch & Neher, 2003, S. 126)

Im nächsten Kapitel wird auf die unterschiedlichen Erwartungen und Ziele von Patienten und Therapeuten im Erstgespräch näher eingegangen.

3.2 Allgemeine Anforderungen an das Erstgespräch

Dass der erste Eindruck für den Beziehungsaufbau wichtig ist, ist auch sozialpsychologisch nachgewiesen (Bierhoff, 1986; Lilly & Frey, 1993). Also kommt auch bereits dem Erstgespräch eine wichtige Funktion für den späteren Therapieverlauf zu (Frank & Frank, 2018). Erstgespräche werden auch deshalb als besonders erlebt, weil sich die Beziehung zwischen Therapeut und Patient noch kaum etabliert hat (Wendisch & Neher, 2003). Dem Therapeuten sollte bereits im Erstgespräch gelingen, kompetent und glaubwürdig zu wirken sowie eine positive Atmosphäre zu schaffen (N. Hoffmann, 2011). Neben den eigenen Zielen und Fragen sollte der Therapeut jederzeit mitberücksichtigen, dass auch der Patient vom ersten Kontakt an mehr oder weniger bewusst Ziele verfolgt und Antworten erhalten möchte (Frank & Frank, 2018).

Bei der Beschreibung der Ziele, die beide Seiten im Erstgespräch verfolgen, sowie den möglichen Fehlerquellen und negativen Konsequenzen, die sich über das Gespräch hinaus ergeben können, wurde massgeblich auf die Quellen von Hoyer und Knappe (2020), Fischer-Klepsch et al. (2018), Frank und Frank (2018), N. Hoffmann (2018), Margraf und Bieda (2018), Margraf und Schneider (2018), Margraf und Scholten (2018), N. Hoffmann (2011), S. O.

Hoffmann et al. (2008) sowie Wendisch und Neher (2003) gestützt, wobei kein Anspruch auf Vollständigkeit der Aufzählung bestehen kann.

3.2.1 Ziele & Ansprüche des Therapeuten im Erstgespräch

Informationssuche zur Symptomatik und zum Therapieanlass: Der Therapeut hat v.a. das Ziel, einen Eindruck von der Symptomatik des Patienten zu erhalten, d.h., welche Probleme den Grund für seinen Behandlungswunsch darstellen sowie zu ermitteln, was der aktuelle Anlass für den Patienten ist, gerade jetzt eine Therapie zu beginnen (Therapiemotivation und -erwartungen). Darüber hinaus sollte ein Überblick über den bisherigen Verlauf der Problematik erfasst und eine erste Verdachtsdiagnose mit den wichtigsten diagnostischen Kriterien erstellt werden. Dies hilft auch bei der Strukturierung des Erstgesprächs und erleichtert die Vorbereitung einer späteren ausführlichen diagnostischen Untersuchung (v.a. bei der Auswahl diagnostischer Verfahren wie z.B. Fragebögen, Anamnese). Nach dem Gespräch sollte der Therapeut aufgrund dieser Informationen entscheiden können, ob er die Fähigkeiten und Möglichkeiten sowie die Bereitschaft hat, den Patienten adäquat zu behandeln oder ob er ablehnen muss. Eine Ablehnung sollte frühzeitig, nachvollziehbar und fachlich begründet sowie mit Alternativen vermittelt werden.

Fehlerquellen im Erstgespräch & negative Konsequenzen: Es kann passieren, dass auf Seiten des Therapeuten in Interaktion mit dem Patienten z.B. unüberwindbare negative Gefühle, Überforderung oder Erinnerung an eigene unbewältigte Probleme entstehen, und der Behandler nicht den Mut aufbringt, den Therapieauftrag nicht zu übernehmen.

Erfassung zentraler Konzepte, Werte, Überzeugungen und Ziele des Patienten: Nach Abklärung der Symptomatik ist eine erste Erfassung zentraler problemspezifischer Konzepte, Überzeugungen und Ziele des Patienten von grosser Bedeutung. Es ist also abzuklären, was der Patient selbst über seine Probleme denkt, wie er diese erklärt, warum seiner Meinung nach bisherige Behandlungen nicht funktioniert haben und welche Vorstellungen und Ziele er mit einer Therapie verbindet. Der Therapeut braucht jedoch auch allgemeine Informationen über Vorstellungen und Motive des Patienten wie z.B., welche Erwartungen er an sich und andere hat oder wie er sich selbst beurteilt. Dabei können auch Ressourcen und Kompetenzen des Patienten eruiert werden.

Fehlerquellen im Erstgespräch & negative Konsequenzen: Gerade unerfahrene Therapeuten können dazu neigen, eine Vielzahl von Einzelinformationen zu sammeln und sich mit relativ oberflächlichen Antworten zufrieden zu geben. Einerseits beinhaltet dieses Vorgehen für den Therapeuten einen hohen Stressfaktor, andererseits führt dies dazu, dass wichtige Informationen nicht erfragt oder beachtet werden.

Informationsweitergabe an den Patienten: Der Patient wird im Erstgespräch darüber aufgeklärt, was in der Therapie auf ihn zukommt. Dies bezieht sich auf die allgemeinen Rahmenbedingungen der Therapie wie z.B. Termin(-sequenzen), Kostenübernahme,

Regelung über Ausfallhonorare, Therapiedauer etc. Auch sollen dem Patienten allgemeine Prinzipien der Behandlung vermittelt werden wie z.b. hohe Transparenz (z.B. Arbeitsweise des Therapeuten, Angaben zur Ausbildung und Spezialisierung, Hinweis auf Risiken und Nebenwirkungen der Therapie), aktiver Einbezug sowie Betonung der Eigenverantwortung des Patienten. Im weiteren Verlauf des Erstgesprächs können dem Patienten auch erste Informationen und Erklärungen zur Symptomatik und zum Krankheitsverlauf weitergegeben werden.

Fehlerquellen im Erstgespräch & negative Konsequenzen: Nicht nur *welche* Informationen an einen Patienten weitergegeben werden, auch das *wie* spielt eine grosse Rolle. Dabei kommt der Therapeutenpersönlichkeit eine wichtige Funktion zu. So wird ein Therapeut auf wenig Akzeptanz stossen, wenn er z.B. Fragen des Patienten ungeduldig, unvollständig oder unklar beantwortet.

Aufbau einer guten Therapeut-Patient-Beziehung und erste therapeutische Interventionen: Der Therapeut trägt seit der ersten Kontaktaufnahme die Verantwortung, eine gute emotionale und therapeutische Beziehung zum Patienten aufzubauen. Dies gelingt dann, wenn der Therapeut den Patienten unkonditional bzw. unbedingt akzeptiert (unconditional positive regard; unkonditionales Akzeptieren oder unbedingtes Akzeptieren; Speierer, 2011), d.h., dass diese Akzeptanz nicht durch Vorurteile oder negative Bewertungen des Denkens, Fühlens oder Handelns des Therapeuten kontaminiert ist. Durch umfangreiches Störungswissen sowie plausible, widerspruchsfreie und leicht verständliche Erläuterungen des Therapeuten kann der Patient Vertrauen zum Therapeuten entwickeln und den Therapeuten als glaubwürdig und kompetent erleben. Der Therapeut fördert von Anfang an eine aktive und selbstverantwortliche Rolle des Patienten. Falls eine Zusammenarbeit nicht möglich ist, werden dem Patienten Alternativen vermittelt. Bei Verdacht auf Suizidalität stellt der Therapeut eine adäquate Versorgung des Patienten sicher.

Fehlerquellen im Erstgespräch & negative Konsequenzen: Auf Seiten des Therapeuten können sich möglicherweise Unsicherheiten einstellen, z.B. wenn der Patient besonders skeptisch ist («Ich habe schon viel Schlechtes über Psychotherapie gehört»). Es können dann affektive und interaktionelle Bereitschaften beim Therapeuten gebahnt werden, die zu Missverständnissen und interaktionellen Teufelskreisen führen können. Auch überhöhte Ansprüche an die eigenen therapeutischen Kompetenzen («Ich mache alles, dann habe ich alles richtig gemacht») kann die Unsicherheit steigern, was oft zu einem für den Patienten zu raschem Vorgehen führt. Gerade wenn ein Patient eher unfreiwillig oder mit grosser Skepsis an ein Erstgespräch kommt, kann der Therapeut sich unter Druck gesetzt fühlen, seine Kompetenzen beweisen zu müssen. Therapieabbrüche in den ersten Sitzungen können erfolgen, weil der Patient sich negativ verstrickt fühlt, zu wenig Bestätigung erlebt oder weil er z.B. in einer vermeidenden therapeutischen Beziehung keine Hoffnung schöpfen kann.

Ein unverhältnismässig hohes Ausmass an unbedingtem Akzeptieren auf der Therapeutenseite birgt die Gefahr, dass dies zu einer Stagnation der Selbstreflexion des Patienten und des therapeutischen Prozesses führt (Speierer, 2011). Patienten könnten akzeptierendes Therapeutenverhalten auch als gleichgültig, als besonders subtile Form der Kontrolle, besitzergreifend, als unangemessen, nicht einfühlsam oder als unecht erleben (Speierer, 2011), was wiederum zu Therapieabbrüchen führen kann.

Schwierig sind jene Fehler, die aus echten «blinden Flecken» entstehen, d.h., wenn der Therapeut seiner problematischen Verhaltenstendenz nicht bewusst ist und auch nicht supervidiert wurde (Jaeggi, 2003).

3.2.2 Ziele & Ansprüche des Patienten im Erstgespräch

Verständnis: Der Patient möchte sich vom Therapeuten verstanden fühlen (v.a. in seiner Problematik). Dabei möchte der Patient in seinen Sorgen, Befürchtungen und Symptomen ernstgenommen und in seinen Verhaltensweisen wertfrei behandelt werden.

Fehlerquellen im Erstgespräch & negative Konsequenzen: Je nachdem, inwieweit sich der Patient verstanden fühlt, entscheidet darüber, ob der Patient die Therapie fortsetzt oder abbricht.

Erwartungen des Patienten: Im Erstgespräch stehen v.a. die Erwartungen des Patienten an eine erfolgreiche Therapie und damit Erwartungen an den Therapeuten im Vordergrund. Die wichtigsten Erwartungen sind:

- Der Patient möchte gewährleistet haben, dass der Therapeut seine Probleme erfasst und dann die richtigen Massnahmen anwendet. Es geht also darum, wie kompetent der Therapeut auf den Patienten wirkt. Der Behandler sollte also dem Patienten deutlich machen, dass er sich mit der Symptomatik sehr gut auskennt, indem er bereits im Erstgespräch erste Erklärungsansätze für die Entstehung und Aufrechterhaltung der Symptomatik vermittelt.

- Der Patient erwartet einen übersichtlichen und klar strukturiert aufgebauten Therapieablauf, das ihm hilft, seine Probleme in den Griff zu bekommen. Die Strukturierung hilft dem Patienten, Gewissheit über Therapieziele zu erhalten.

- Der Patient erhofft sich vom Therapeuten Rückmeldungen bezüglich dessen, ob der Patient durch sein Verhalten zum Gelingen der Therapie beiträgt.

- Für den Patienten ist es auch wichtig, dass der Therapeut seine Fortschritte wahrnimmt und ihn darauf aufmerksam macht.

Fehlerquellen im Erstgespräch & negative Konsequenzen: Es ist zu berücksichtigen, dass z.T. auch unveränderbare persönliche Merkmale des Therapeuten die Kompetenzerwartungen des Patienten beeinflussen können. So wird z.B. ein älterer Therapeut eher als erfahren eingeschätzt. Im Weiteren können allgemeine Vorurteile des Patienten dem Therapeuten erschweren (oder erleichtern), kompetent zu wirken: Wenn z.B. ein Patient glaubt, dass

Frauen für bestimmte Problembereiche «von Natur aus» ein besseres Verständnis mitbringen, wird er einem männlichen Therapeuten gegenüber in diesen Bereichen zunächst eher skeptisch begegnen. Der Therapeut könnte sich verunsichern und dadurch sich verleiten lassen, das Gegenteil beweisen zu müssen. Auch Faktoren wie äusseres Erscheinungsbild, nonverbale Kommunikation sowie das allgemeine soziale Verhalten des Therapeuten (z.B. Begrüssung des Patienten) können die Kompetenzbeurteilung beeinflussen. Es spielen aber auch bisherige Therapieerfahrungen, Rollenerwartungen («Der Therapeut soll meine Probleme lösen, sie ist ja der Fachmann») oder Ablauferwartungen («In drei Monaten müssen meine Probleme gelöst sein») eine wichtige Rolle.

Therapiemotive des Patienten: Der Patient erhofft sich eine Prognose seitens des Therapeuten, welche Ergebnisse er von einer Therapie realistischerweise erwarten kann, was sich (bestenfalls) wiederum positiv auf seine Therapiemotivation (d.h. die Motivation, eine Therapie zu beginnen und fortzuführen) und seine Veränderungsbereitschaft (d.h. die Motivation, das eigene Leiden zu überwinden und die dafür notwendigen Veränderungen vorzunehmen) auswirken kann (Berking & Kowalsky, 2012). Auch hat jeder Patient seine grundsätzliche Einstellung gegenüber einer Psychotherapie.

Fehlerquellen im Erstgespräch & negative Konsequenzen: Wenn Motive und Ziele des Patienten in der Therapie nicht ausreichend geklärt wurden, könnte der Patient mit bewusstem oder unbewusstem Widerstand reagieren bzw. sich ambivalent zeigen (Caspar, 1982). Widerstand korreliert mit schlechteren Therapieerfolgen und kann zudem zu einem vorzeitigen Therapieabbruch führen (Beutler et al., 2011). Die Veränderungsbereitschaft des Patienten kann durch kurz- oder langfristige negative Konsequenzen wie z.B. Angst vor Stigmatisierung, Konfrontation mit Ängsten, Veränderungsübernahme für das eigene Handeln gehemmt werden und zu Vermeidungsschemata führen (Berking & Kowalsky, 2012) und damit oft auch Selbstheilungsprozesse sowie die Therapiemotivation negativ tangieren. Unter Umständen kann auch eine passive Therapiemotivation bestehen, wenn z.B. äussere extrinsische Bedingungen wie eine Bewährungsauflage den Patienten zur Aufnahme einer Therapie bewegt haben. Auch können bestimmte Rahmenbedingungen i.S.v. aktuellen Ressourcen vs. Stressoren die Therapierbarkeit beeinflussen (wenn z.B. eine alleinerziehende Mutter keine Kinderbetreuung für die Zeit der Therapie organisieren kann oder wenn sprachliche Barrieren vorliegen).

Auf Seiten des Therapeuten kann es passieren, den Patienten z.B. zu überzeugen, was gut für ihn ist (Berking & Kowalsky, 2012). Weiterhin kann der Therapeut sich unter Druck setzen (lassen), z.B. wegen der kritischen Haltung des Patienten gegenüber der Verhaltenstherapie mit seiner Kompetenz überzeugen zu müssen. Auch Fachwissen, Erfahrung und Kompetenz mit bestimmten Symptomen oder Störungsbildern oder die Gestaltung der Therapeut-Patient-

Beziehung sind prognoserelevant und können die Therapiemotivation des Patienten beeinflussen.

Transparenz: Da sich der Patient schon ab der ersten Kontaktaufnahme mit dem Therapeuten Hilfe oder zumindest die glaubhafte Aussicht auf Hilfe erhofft, möchte der Patient so viele Informationen wie möglich über Ziele und Vorgehensweisen des Behandlungskonzepts sowie Erfolgsaussichten erhalten. Der Patient erwartet konkrete, eindeutige und zuverlässige Informationen über alle wichtigen organisatorischen Fragen der Therapie (z.b. Kosten, Dauer der Behandlung, Terminplanung, Kostenübernahme durch die Krankenkasse oder Versicherung etc.).

Fehlerquellen im Erstgespräch & negative Konsequenzen: Der Therapeut könnte durch seine positive Beeinfluss der Perspektivität des Patienten unrealistische Hoffnungen und falsche Vorstellungen bei ihm wecken, was zu einer späteren Enttäuschung oder gar zum Abbruch der Therapie führen kann.

4 Literaturverzeichnis

Abbruzzese, E., & Kübler, U. (2013). Verhaltensanalyse in der Verhaltenstherapie.

Verhaltenstherapie, 23(2), 108–116. https://doi.org/10.1159/000352030

Asay, T. P., & Lambert, M. J. (2001). Empirische Argumente für die allen Therapien

gemeinsamen Faktoren: Quantitative Ergebnisse. In M. A. Hubble (Hrsg.), So wirkt

Psychotherapie: Empirische Ergebnisse und praktische Folgerungen (S. 41–82). Verl.

Modernes Lernen.

Berking, M., & Kowalsky, J. (2012). Therapiemotivation. In M. Berking & W. Rief (Hrsg.),

Klinische Psychologie und Psychotherapie für Bachelor (Bd. 5024, S. 13–22).

Springer Berlin Heidelberg. https://doi.org/10.1007/978-3-642-25523-6_2

Beutler, L. E., Harwood, T. M., Michelson, A., Song, X., & Holman, J. (2011).

Resistance/Reactance Level. Journal of Clinical Psychology, 67(2), 133–142.

https://doi.org/10.1002/jclp.20753

Beutler, L. E., Malik, M., Alimohamed, S., Harwood, T. M., Talebi, H., Noble, S., & Wong, E.

(2004). Therapist variables. In M. J. Lambert (Hrsg.), Bergin and Garfield's handbook

of psychotherapy and behavior change (5th ed. / [edited] by Michael J. Lambert, S.

227–306). Wiley.

Bienenstein, S., & Rother, M. (2009). Fehler in der Psychotherapie: Theorie, Beispiele und

Lösungsansätze für die Praxis. Springer.

Bierhoff, H. W. (1986). Personenwahrnehmung: Vom ersten Eindruck zur sozialen

Interaktion. https://link.springer.com/book/10.1007/978-3-642-70490-1

Buchkremer, G., & Batra, A. (2013). Wirksamkeit der Psychotherapie. In A. Batra, R.

Wassmann, G. Buchkremer, & J. Angenendt (Hrsg.), Verhaltenstherapie:

Grundlagen—Methoden—Anwendungsgebiete (4., vollständige überarbeitete

Auflage, S. 22–26). Georg Thieme Verlag.

Caspar, F. (1982). Widerstand in der Psychotherapie. In R. Bastine, P. Fiedler, & G. Bartling

(Hrsg.), Grundbegriffe der Psychotherapie (S. 451–454). Edition Psychologie.

Castonguay, L. G., Boswell, J. F., Constantino, M. J., Goldfried, M. R., & Hill, C. E. (2010). Training implications of harmful effects of psychological treatments. *American Psychologist, 65*(1), 34–49. https://doi.org/10.1037/a0017330

Fischer-Klepsch, M., Münchau, N., & Hand, I. (2018). Misserfolge in der Verhaltenstherapie. In J. Margraf & S. Schneider (Hrsg.), *Lehrbuch der Verhaltenstherapie, Band 1* (S. 197–212). Springer Berlin Heidelberg. https://doi.org/10.1007/978-3-662-54911-7_13

Frank, M., & Frank, B. (2018). Das Erstgespräch in der Verhaltenstherapie. In J. Margraf & S. Schneider (Hrsg.), *Lehrbuch der Verhaltenstherapie, Band 1* (S. 373–380). Springer Berlin Heidelberg. https://doi.org/10.1007/978-3-662-54911-7_24

Garfield, S. L. (1994). Research on client variables in psychotherapy. In A. E. Bergin & S. L. Garfield (Hrsg.), *Handbook of psychotherapy and behavior change* (4th ed, S. 190–228). J. Wiley.

Grawe, K., Donati, R., & Bernauer, F. (1994). *Psychotherapie im Wandel: Von der Konfession zur Profession* (3. Aufl). Hogrefe, Verlag für Psychologie.

Hatcher, R. L., & Gillaspy, J. A. (2006). Development and validation of a revised short version of the working alliance inventory. *Psychotherapy Research, 16*(1), 12–25. https://doi.org/10.1080/10503300500352500

Haupt, M.-L., Linden, M., & Strauß, B. (2018). Definition und Klassifikation von Psychotherapie-Nebenwirkungen. In M. Linden & B. Strauß (Hrsg.), *Risiken und Nebenwirkungen von Psychotherapie Erfassung, Bewältigung, Risikovermeidung* (S. 1–14).

Hautzinger, M. (2011). Diagnostik in der Verhaltenstherapie. In M. Linden & M. Hautzinger (Hrsg.), *Verhaltenstherapiemanual* (S. 13–19). Springer. https://doi.org/10.1007/978-3-642-16197-1_3

Hentschel, U. (2005). Die Therapeutische Allianz: Teil 1: Die Entwicklungsgeschichte des Konzepts und moderne Forschungsansätze. *Psychotherapeut, 50*(5), 305–317. https://doi.org/10.1007/s00278-005-0440-3

Hippler, B., & Görlitz, G. (2001). *Selbsterfahrung in der Gruppe: Person- und patientenorientierte Übungen.* Pfeiffer bei Klett-Cotta.

Hoffmann, N. (1981). *Gesprächsführung in psychologischer Therapie und Beratung: Für Psychologen, Sozialarbeiter, Lehrer, Erzieher, Ärzte und in sozialen Berufen Tätige.* Otto Müller.

Hoffmann, N. (2011). Strukturierung des Therapieablaufs. In M. Linden & M. Hautzinger (Hrsg.), *Verhaltenstherapiemanual* (S. 31–34). Springer. https://doi.org/10.1007/978-3-642-16197-1_6

Hoffmann, N. (2018). Therapeutische Beziehung und Gesprächsführung. In J. Margraf & S. Schneider (Hrsg.), *Lehrbuch der Verhaltenstherapie, Band 1* (S. 365–372). Springer Berlin Heidelberg. https://doi.org/10.1007/978-3-662-54911-7_23

Hoffmann, S. O., Rudolf, G., & Strauß, B. (2008). Unerwünschte und schädliche Wirkungen von Psychotherapie. *Psychotherapeut, 53*(1), 4–16. https://doi.org/10.1007/s00278-007-0578-2

Horvath, A. O., Bedi, R. P., & Norcross, J. C. (2002). The alliance. In *Psychotherapy relationships that work: Therapist contributions and responsiveness to patients* (S. 37–69). Oxford University Press.

Horvath, A. O., Del Re, A. C., Flückiger, C., & Symonds, D. (2011). Alliance in individual psychotherapy. *Psychotherapy, 48*(1), 9–16. https://doi.org/10.1037/a0022186

Howard, K. I., Lueger, R. J., Maling, M. S., & Martinovich, Z. (1993). A phase model of psychotherapy outcome: Causal mediation of change. *Journal of Consulting and Clinical Psychology, 61*(4), 678–685. https://doi.org/10.1037/0022-006X.61.4.678

Hoyer, J., & Knappe, S. (2020). Verhaltenstherapie. In J. Hoyer & S. Knappe (Hrsg.), *Klinische Psychologie & Psychotherapie* (S. 397–407). Springer Berlin Heidelberg. https://doi.org/10.1007/978-3-662-61814-1_14

Imhof, M. (2010). *Behandlungsfehler in der Medizin - Was nun? Verborgenes im Arzt-Patienten-Verhältnis* (1. Aufl). Schulz-Kirchner.

Jaeggi, E. (2003). *Und wer therapiert die Therapeuten?* (3. Aufl). Klett-Cotta.

Kanfer, F. H., & Saslow, G. (1969). Behavioral diagnosis. In C. M. Franks (Hrsg.), *Behavior therapy: Appraisal and status*. McGraw-Hill.

Kanfer, F. H., & Saslow, G. (1974). Verhaltenstheoretische Diagnostik. In D. Schulte (Hrsg.), *Diagnostik in der Verhaltenstherapie* (S. 24–59). Urban & Schwarzenberg.

Ladwig, I., Rief, W., & Nestoriuc, Y. (2014). Welche Risiken und Nebenwirkungen hat Psychotherapie? - Entwicklung des Inventars zur Erfassung Negativer Effekte von Psychotherapie (INEP). *Verhaltenstherapie, 24*(4), 252–263. https://doi.org/10.1159/000367928

Lazarus, A. A. (1958). New methods in psychotherapy: A case study. *South African Medical Journal, 32*(26), 660–663.

Lilly, W., & Frey, D. (1993). Die Hypothesentheorie der sozialen Wahrnehmung. In D. Frey & M. Irle (Hrsg.), *Kognitive Theorien* (2., vollst. überarb. und erw. Auflage, S. 49–78). H. Huber.

Linden, M. (2013). How to Define, Find and Classify Side Effects in Psychotherapy: From Unwanted Events to Adverse Treatment Reactions. *Clinical Psychology & Psychotherapy, 20*(4), 286–296. https://doi.org/10.1002/cpp.1765

Lindsley, O. R. (1964). Direct Measurement and Prosthesis of Retarded Behavior,. *Journal of Education, 147*(1), 62–81. https://doi.org/10.1177/002205746414700107

Lo Coco, G., Gullo, S., Prestano, C., & Gelso, C. J. (2011). Relation of the real relationship and the working alliance to the outcome of brief psychotherapy. *Psychotherapy, 48*(4), 359–367. https://doi.org/10.1037/a0022426

Maaz, H.-J. (2014). *Hilfe! Psychotherapie: Wie sie funktioniert und was sie leistet* (Orig.-Ausg). Beck.

Margraf, J. (2018). Hintergründe und Entwicklung. In J. Margraf & S. Schneider (Hrsg.), *Lehrbuch der Verhaltenstherapie, Band 1* (S. 3–35). Springer Berlin Heidelberg. https://doi.org/10.1007/978-3-662-54911-7_1

Margraf, J., & Bieda, A. (2018). Beziehungsgestaltung und Umgang mit Widerstand. In J. Margraf & S. Schneider (Hrsg.), *Lehrbuch der Verhaltenstherapie, Band 1* (S. 381–393). Springer Berlin Heidelberg. https://doi.org/10.1007/978-3-662-54911-7_25

Margraf, J., & Schneider, S. (2018). Diagnostik psychischer Störungen mit strukturierten Interviews. In J. Margraf & S. Schneider (Hrsg.), *Lehrbuch der Verhaltenstherapie, Band 1* (S. 273–286). Springer Berlin Heidelberg. https://doi.org/10.1007/978-3-662-54911-7_17

Margraf, J., & Scholten, S. (2018). Risiken und Nebenwirkungen. In J. Margraf & S. Schneider (Hrsg.), *Lehrbuch der Verhaltenstherapie, Band 1: Grundlagen, Diagnostik, Verfahren und Rahmenbedingungen psychologischer Therapie* (S. 213–228). Springer. https://doi.org/10.1007/978-3-662-54911-7_14

Martin, D. J., Garske, J. P., & Davis, M. K. (2000). Relation of the therapeutic alliance with outcome and other variables: A meta-analytic review. *Journal of Consulting and Clinical Psychology, 68*(3), 438–450. https://doi.org/10.1037/0022-006X.68.3.438

Meyer, V. (1957). The treatment of two phobic patients on the basis of learning principles. *The Journal of Abnormal and Social Psychology, 55*(2), 261–266. https://doi.org/10.1037/h0048768

Orlinsky, D. E., Ronnestad, M. H., & Willutzki, U. (2004). Fifty years of psycho-therapy process-outcome research: Continuity and change. In M. J. Lambert (Hrsg.), *Bergin and Garfield's handbook of psychotherapy and behavior change* (5th ed. / [edited] by Michael J. Lambert, S. 307–389). Wiley.

Pecher, W., & Stark, A. (2013). Die therapeutische Beziehung bei der Behandlung von Straftätern. In B. Wischka, W. Pecher, & H. van den Boogaart (Hrsg.), *Behandlung von Straftätern* (Bd. 26, S. 377–397). Centaurus Verlag & Media. https://doi.org/10.1007/978-3-86226-849-8_15

Psychotherapie-Richtlinie, Bundesanzeiger AT 17.02.2021 B1 (2020).

Rector, N. A., Zuroff, D. C., & Segal, Z. V. (1999). Cognitive change and the therapeutic alliance: The role of technical and nontechnical factors in cognitive therapy.

Psychotherapy: Theory, Research, Practice, Training, 36(4), 320–328.
https://doi.org/10.1037/h0087739

Regli, D., Bieber, K., Mathier, F., & Grawe, K. (2000). Beziehungsgestaltung und Aktivierung von Ressourcen in der Anfangsphase von Therapien. *Verhaltenstherapie und Verhaltensmedizin, 21*(4), 399–420. PSYNDEX.

Rhyn, E., & von Wyl, A. (2020). Verliebtheitsgefühle und damit assoziierte Phänomene gegenüber PatientInnen in der Psychotherapie: *Psychotherapie-Wissenschaft, 10*(1), 67–76. https://doi.org/10.30820/1664-9583-2020-1-67

Sachse, R. (2006). *Therapeutische Beziehungsgestaltung*. Hogrefe.

Sachsse, U. (2008). Die therapeutische Beziehung als Matrix der Pathologie und Nachreifung? In M. Hermer & B. Röhrle (Hrsg.), *Handbuch der therapeutischen Beziehung* (S. 773–798). dgvt-Verl.

Schigl, B., & Gahleitner, S. B. (2013). Fehler machen - aus Fehlern lernen? - Perspektiven zur Klassifizierung von psychotherapeutischen Fehlern und dem Umgang damit. *Psychotherapie-Wissenschaft, 3*(1), 23–33.

Sharf, J., Primavera, L. H., & Diener, M. J. (2010). Dropout and therapeutic alliance: A meta-analysis of adult individual psychotherapy. *Psychotherapy: Theory, Research, Practice, Training, 47*(4), 637–645. https://doi.org/10.1037/a0021175

Speierer, G.-W. (2011). Unkonditionales Akzeptieren. In M. Linden & M. Hautzinger (Hrsg.), *Verhaltenstherapiemanual* (S. 313–317). Springer Berlin Heidelberg. https://doi.org/10.1007/978-3-642-16197-1_61

Sponsel, R. (2002). *Über potentielle Kunst- oder Behandlungsfehler in der Psychotherapie aus allgemeiner und integrativer Sicht*. https://www.sgipt.org/gipt/kf/kf020727.htm

Tuschen-Caffier, B., & van Gemmeren, B. (2018). Problem- und Verhaltensanalyse. In J. Margraf & S. Schneider (Hrsg.), *Lehrbuch der Verhaltenstherapie, Band 1* (S. 287–297). Springer Berlin Heidelberg. https://doi.org/10.1007/978-3-662-54911-7_18

Wells, R. E., & Kaptchuk, T. J. (2012). To tell the truth, the whole truth, may do patients harm: The problem of the nocebo effect for informed consent. *The American Journal of Bioethics: AJOB, 12*(3), 22–29. https://doi.org/10.1080/15265161.2011.652798

Wendisch, M., & Neher, M. (2003). Das Erstgespräch in der Verhaltenstherapie – ein Leitfaden. *Verhaltenstherapie, 13*(2), 122–129. https://doi.org/10.1159/000072186

Wilmers, F., Munder, T., Leonhart, R., Herzog, T., Plassmann, R., Barth, J., & Linster, H. W. (2008). Die deutschsprachige Version des Working Alliance Inventory—Short revised (WAI-SR)—Ein schulübergreifendes, ökonomisches und empirisch validiertes Instrument zur Erfassung der therapeutischen Allianz [Application/pdf]. *Klinische Diagnostik und Evaluation, 1*(3), 343–358. https://doi.org/10.7892/BORIS.27962

Wittchen, H.-U., & Hoyer, J. (Hrsg.). (2011). *Klinische Psychologie & Psychotherapie* (2., überarbeitete und erweiterte Auflage). Springer.

Wolpe, J. (1958). *Psychotherapy by reciprocal inhibition.* Stanford Univ. Press.

Zimmer, D. (2018). Supervision in der Verhaltenstherapie. In J. Margraf & S. Schneider (Hrsg.), *Lehrbuch der Verhaltenstherapie, Band 1* (S. 801–811). Springer Berlin Heidelberg. https://doi.org/10.1007/978-3-662-54911-7_54